Ainsi...

Max et
... Lili veulent
être populaires

Dominique de Saint Mars

Serge Bloch

CALLIGRAM
CHRISTIAN GALLIMARD

Série dirigée par Dominique de Saint Mars

© Calligram 2014
Tous droits réservés pour tous pays
Imprimé en Italie
ISBN : 978-2-88480-680-0

5

6

7

8

9

11

12

13

14

15

20

* Retrouve Victor dans *Le cousin de Max et Lili se drogue*.

23

24

25

26

28

29

31

33

34

35

36

38

Et toi...

Est-ce qu'il t'est arrivé la même histoire qu'à Max et Lili ?
Réponds aux deux questionnaires...

C'est pour être connu? qu'on te remarque, qu'on te suive, qu'on t'aime, qu'on t'admire, qu'on te craigne?

Tu ne te crois pas aimé? On ne fait pas assez attention à toi à la maison? Tu n'as pas assez d'amis?

Tu ne réussis pas, malgré tes efforts? Tes mauvaises notes te font de la peine... alors tu frimes?

40

Tu es prêt à tout pour l'être? à faire le contraire de
ce que tu penses? à dire du mal de tes amis, à les trahir?

Tu es jaloux des enfants populaires? Tu les trouves plus
intelligents, plus beaux? Tu aimerais être comme eux?

Tu essaies d'être populaire en étant gentil,
en aidant les autres? ou tu l'es naturellement?

Tu préfères qu'on t'aime comme tu es, avec tes défauts?
Tu n'as pas besoin de plaire? Tu sais aimer et tu t'aimes?

Tu penses que tu n'as aucune chance? Tu te trouves moche,
petit, mal habillé? Tu as honte de toi, de ta famille?

Tu te sens trop agressif? ou trop timide? ou tu as peur
de te tromper, qu'on te critique, qu'on te juge?

Tu suis les caïds? Tu es prêt à faire des bêtises pour te faire accepter et aimer, pour entrer dans le groupe?

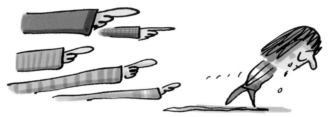

Tu as souffert à cause d'un caïd populaire? Tu as été exclu de sa bande ? Tu as perdu des amis comme ça?

Tes copains te suffisent. Tu n'aimes pas les frimeurs, les hypocrites, les méchants?

**Après avoir réfléchi
à ces questions
sur le désir d'être populaire,
tu peux en parler
avec tes parents ou tes amis.**

Dans la même collection

Application Max et Lili disponible sur

Suivez notre actualité sur Facebook
https://www.facebook.com/MaxEtLili